TIENS-TOI DROIT !

GRIBOUILLAGES : JANRY
GRIFFONNAGES : TOME
BARBOUILLAGES : STÉPHANE DE BECKER
Enfantillages SUPPLÉMENTAIRES : DAN

DUPUIS

Il y avait déjà LE GRAND SPIROU.
Désormais, il y a LE PETIT SPIROU.

Comprenons-nous : même si LE PETIT est plus petit que LE GRAND (qui est le plus grand)...

...LE PETIT, ce <u>n'est pas</u> le petit frère du GRAND.

LE PETIT SPIROU,
c'est simplement LE GRAND quand il était petit.

<u>Mais attention</u> : en simplifiant, on pourrait penser que LE GRAND est pour les grands lecteurs, et LE PETIT pour les petits...

Ce serait trop simple.

LE PETIT SPIROU est aussi bien pour petits et grands <u>que LE GRAND</u> (qui a déjà conquis tant de grands et petits).

C'est clair, non ?

Quelques copains...

VERTIGNASSE

Prénom : Antoine. Mon meilleur ami depuis qu'on nous a surpris à épier par le trou de la serrure du vestiaire des filles. Lui et moi, c'est "A la vie, à la mort!" On ne se quittera jamais. Sauf s'il me volait ma fiancée... Mais il ne ferait pas une chose pareille.

SUZETTE

Son vrai nom, c'est Suzanne BERLINGOT. C'est ma fiancée. Enfin, je crois : elle a son caractère. Parfois, je ne sais plus où on en est. Grand-papy prétend que c'est cela, le mystère féminin. Fille du pâtissier. Déteste qu'on la prenne pour une crêpe.

PONCHELOT

Nicolas, dit "BOULE DE GRAS". Mon deuxième meilleur ami. Il mange trop, celui-là. Un jour, il va éclater, tellement il est trop gros. Prétend que c'est un probléme d'hormones, ou un truc comme ça. Mon oeil! On me fera pas croire qu'une hormone puisse manger autant.

CASSIUS

Ou plutôt Cyprien Futu. Son papa est le cuisinier de l'école et son oncle, chasseur de chenilles grillées à Ouagadougou. Cyprien est drôlement fort. Il pourrait faire boxeur plus tard, mais lui préférerait Indien ou alors marabout pour pouvoir changer le préfet en limace des savanes.

MASSEUR

C'est celui avec la tête allongée, les yeux endormis et l'air d'avoir passé les congés sur Mars. En le voyant, je me dis parfois qu'ils ont dû garder le cerveau à la douane. Et qu'il était si petit qu'ils l'ont perdu...

(Suite page 9.)

TIENS-TOI DROIT!

...Est une phrase que maman et mes profs me disent souvent. Et vous ?

TOME & JANRY + DAN

LÀ-DEDANS ?! MAIS C'EST PLEIN DE SQUELETTES !
S'IL Y A DE L'ORAGE, J'ESPÈRE QUE TES LUNETTES FERONT PARA-TONNERRE !
KRAK
JE DÉTESTE TES PLANS "BONNES HISTOIRES" ! ÇA CRAINT À FOND !
C'EST TOI QUI CRAINS ! !
JE CONTINUE. DONC, LE PETIT MALOGRODO...
...finit par devenir **grand.**
...et comme il l'a prophétisé...
Il est devenu méga pété de thunes à force d'arnaquer les vieux et les neuneus. Il a même pas honte. Il a plein de fiancées, une collec' de voitures de rêve, tous les jeux play-gameboy qu'il veut, il devient connu...
...est sur la couverture des magazines...
FORTUNE
MAGAZINE
RAGOT HEBDO
MIQUET PEOPLE
LE PIQUE SOUS DU MOIS !
Il passe à la télé, on le voit même faire des publicités (pour des lunettes).
AVEC MES "Ray-Banong" made in China J'AI L'ŒIL !
WOW ! C'EST COOL ! ET TU DIS QU'IL EST DEVENU RICHE SANS ÊTRE HORS-LA-LOI ?
TUER DES GENS À LA GUERRE, C'EST LÉGAL AUSSI. C'EST PAS POUR ÇA QUE C'EST BIEN...
MAIS ÉCOUTE. C'EST PAS FINI.
Pour Malogrodo, les affaires roulent. Il achète et vend plein de trucs qu'il fait fabriquer par des pauvres en Chine, moins chers que les ouvriers d'ici...
VENDEZ TOUT !
ACHETEZ MOINS CHER !
FERMEZ L'USINE !
...ILS FABRIQUENT ÇA POUR DES CACAHUÈTES EN INDE !
MALOGRODOFF
...Du coup, plein de gens d'ici se retrouvent sans travail ni argent pour acheter les trucs fabriqués ailleurs. Ils retirent leurs dernières économies déposées à la banque.
TOME & JANRY

HEU... T'AS COMPRIS, LÀ? OU...!? PASQUE JE VIENS PLUSIEURS FOIS DE FAIRE DES LONGUES PHRASES!?
BEN... C'EST LA CRISE FINANCIÈRE, QUOI!
POURQUOI T'AS TOUT ÉTEINT LA LUMIÈRE?
LE SACRISTAIN A ÉTEINT LES ÉCLAIRAGES DU PETIT PARC.
LE "PETIT PARC"?!
C'EST PAS UN PETIT PARC, C'EST UN CIMETIÈRE!
FAUT ATTENDRE QUE NOS YEUX S'HABITUENT À LA SEULE LUMIÈRE DE LA LUNE.
LA LUNE? QUELLE LUNE? ON LA VOIT PAS! IL PLEUT!
ET J'AI PAS DE BUVARD, SEULEMENT UN BALLON.
Bon, je continue, là! Ton attention baisse. Donc, t'as raison...
... à la banque, avec tous ces gens qui reprennent leurs sous, ça craint.
Les coffres se vident.
...Donc, le banquier va essayer de récupérer l'argent qu'il a prêté à Malogrodo.
Comme tout le monde fait pareil, on réalise que plus personne n'a de vrais sous (pas du prêté). En fait, tout le monde est ruiné.
-20%
-30%
-50%
+10
0
-10
-20
Et Malogrodo, le super "traideur", encore plus que les autres.
IV
TOME & JANRY + DAN

Partout, l'atmosphère s'assombrit. Le climat est infect, se dit Malogrodo...
Comme c'est la ruine, il a projeté de quitter ce monde...
... par la fenêtre,
...non sans parachute.
MALOG
FINANC
MATELAS DOLAR
Hélas, le sort joue contre lui..., j'te passe les détails...
!
MATELA DOLAR
KRROK!
BELONG GELONG
?
AAAAAH!!
QU'EST-CE QUE TU FAIS? T'ES PAS DEDANS, LÀ! TU M'ÉCOUTES OU QUOI?!
HEIN?! T'AVAIS UNE LAMPE DE POCHE ET TU LE DISAIS PAS?!
ARRÊTE DE GIGOTER! TU METS DU DÉSORDRE PARTOUT!
CLIC
BON, C'EST LÀ QUE ÇA DEVIENT MARRANT.
RALLUME CETTE LAMPE DE POCHE!

TOME & JANRY

TOME & JANRY + DAN

Couleurs : STUF

Quelques madames...

MALOGRODO
(homme à tout faire)

Dans les films quand ils font un méchant, ils le font vilain., pour qu'on ait peur! Malogrodo, il a une drôle d'allure et pourtant, j'ai pas envie d'avoir peur de lui. J'aimerais vivre dans un monde, où avoir une tête, (et même quelques autres trucs...) un peu de traviole ne suffirait pas à nous faire peur. Grand-père, qui en a vu des terribles et déteste donner des leçons dit que c'est avec des peurs comme ça qu'on finit par coller des étiquettes sur le veston des gens. Je comprends pas toujours tout ce qu'il dit mais, je soupçonne qu'il a raison.

MADEMOISELLE CHIFFRE

(Son prénom s'rait Claudia, y paraît.) C'est notre institutrice de calcul et plein d'autres choses que je n'arrive pas à retenir quand je suis trop près du tableau où elle écrit. Le calcul, c'est pas trop mon fort. Depuis que Grand-Papy prétend l'avoir vue se baigner dans la rivière dans "le plus simple appareil", plus tard je veux devenir mécanicien. Et même, pour les appareils compliqués aussi. Ca m'fait pas peur.

GRAND-MAMY

J'ai aussi une grand-mère (du côté de mon papa...). C'est un sacré numéro, celle-là! Avec un caractère drôlement coriace, mais je l'aime bien quand même. Paraît qu'elle garde un trésor fabuleux dans son coffre, mais on croit qu'à cause de ses problèmes de mémoire, elle ne se souviendrait plus de la combinaison! Ça rend tout le monde un peu bizarre lors des réunions de famille...

MAMAN

J'vous la présente plus. Elle est là depuis le début. Elle a toujours été là. Elle sera toujours là. Elle m'aimera toujours, d'abord. Si j'y arrive, un jour je deviendrai une sorte de héros dont elle sera fière. J'ai pensé à un genre d'aventurier avec un animal fidèle et un copain qui prendra les baffes pour deux. En attendant, je profite que je suis encore un enfant, et qu'on me pardonnera tout! Et Vert' s'entraîne à prendre les baffes.

(Suite page 47.)

Quand ce sont les vacances, l'école est VIDE !
PLUS UN CHAT ! C'EST LE MOMENT D'ALLER VISITER LES SALLES DES PROFS ET LA DOUCHE DES FILLES !
PEUR
PEUR
J'LE SENS PAS !
LE CONCIERGE !
IL NE NOUS A PAS VUS ! FONCE !
LE BUREAU DU DIRLO... ET LÀ ! L'ARMOIRE AUX OBJETS CONFISQUÉS !
KLANG ! KLENG ! CLIC !
C'EST QUOI, CE BRUIT ?
OBJETS PERDUS
CONFISQUÉ
EXAMENS QUESTIONS
NOOON ! LE CONCIERGE ! IL NOUS A... ENFERMÉS !
DEUX MOIS !? TOUTES LES VACANCES, BLOQUÉS À L'INTÉRIEUR !! ON VA MOURIR DE FAIM !
PEUT-ÊTRE PAS, MAIS ON VA S'OCCUPER DE VOUS DISCRÈTE-MENT !
TOUTES CES PUNITIONS EN RETARD...
LES TRACTIONS À RATTRAPER, LES POMPES MAL EXÉCUTÉES...
LES PRIÈRES ZAPPÉES...
LES FAUX CERTIF'
ENFIN NOTRE VENGEANCE SUR CES PETITS VOYOUS !!
HINHIN !
POUF
!
UN CAUCHEMAR ! CE N'ÉTAIT QU'UN CAUCHEMAR ! ON EST... JE SUIS EN VACANCES !
OUUUAiiiiiS ! EN VACANCES !
...POUR UN QUART D'HEURE ENCORE, MON LOULOU ! DÉPÊCHE-TOI !
CE SERAIT DOMMAGE D'ÊTRE EN RETARD LE PREMIER JOUR !
Petit Spirou
JE DORS
534
TOME & JANRY

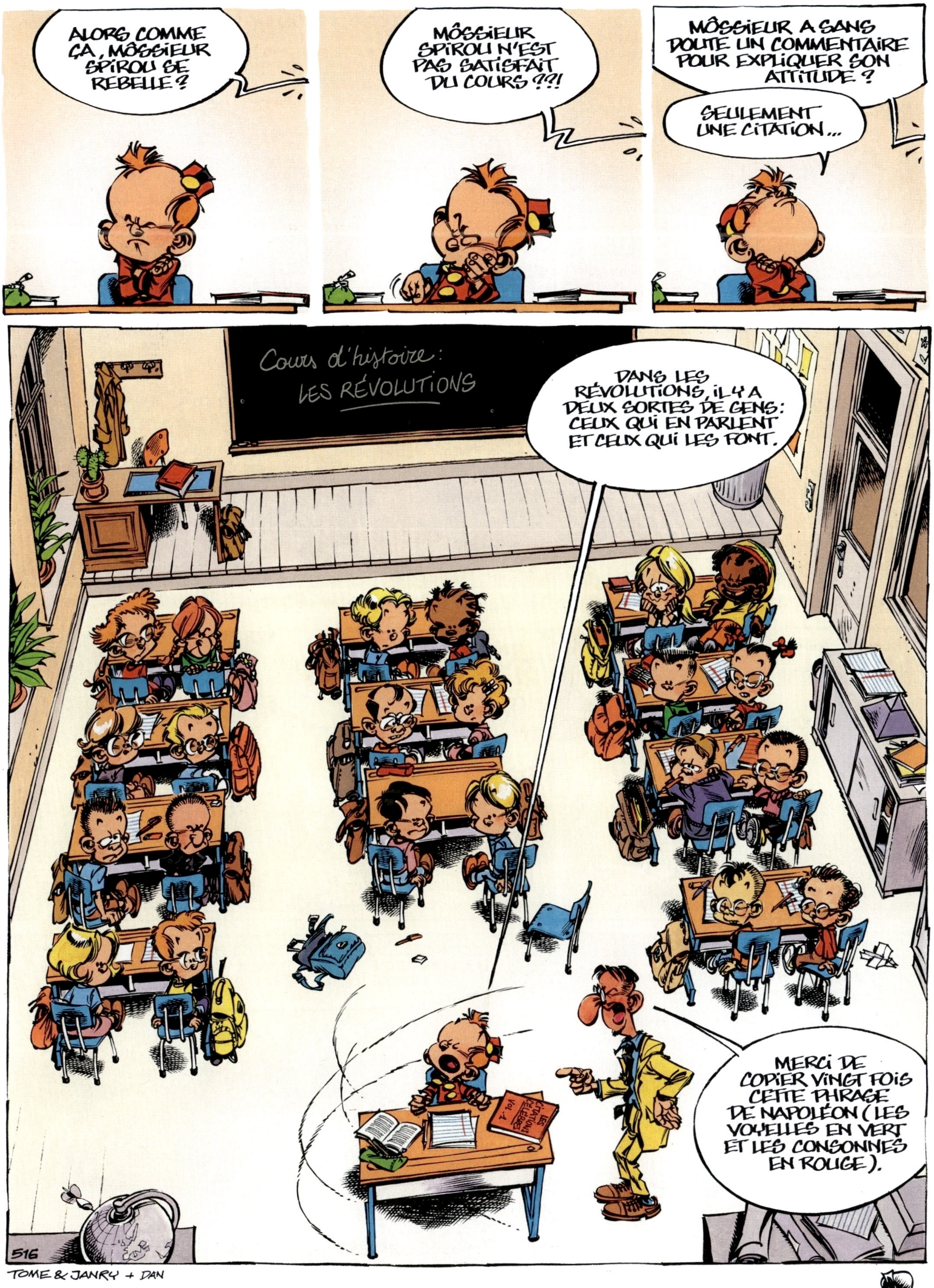

TOME & JANRY + DAN

LA FAMILLE VOUS ATTEND POUR LA BÉNÉDICTION, MAÎTRE.
TIENS-TOI DROIT, MON BON MALOGRODO, J'ARRIVE.
?
M'SIEUR L'ABBÉ ! M'SIEUR L'ABBÉ ! LA TROUPE EST PRÊTE POUR LA RÉPÈTE, IL NE MANQUE QUE VOUS !
BON, JE VIENS VOIR ÇA, MAIS VITE, ALORS...
HAHAAA ! BRAVO ! MAIS RAPPELEZ-MOI LE THÈME DE LA PIÈCE DE CETTE ANNÉE...
"LA CHASSE AU MARPU... MARMUSI..."
HEU... AU MARMUSIPALIS, CET ANIMAL FABULEUX AVEC UNE QUEUE DE SIX MÈTRES QUE NUL N'A JAMAIS PU CAPTURER !
C'EST MOI LE CHASSEUR !
BRAVO ! ET QUI SERA DONC LA BÊTE IDIOTE ?
BEN... VOUS, M'SIEUR L'ABBÉ ! 'FAUT ESSAYER VOTRE COSTUME !
HO HO ! QUEL HONNEUR ! UNE QUEUE DE SIX MÈTRES !
HÉ BIEN, ME VOILÀ PRÊT POUR LE GRAND SPECTACLE ! COMBIEN DE TEMPS NOUS RESTE-T-IL AVANT LA PREMIÈRE BÉNÉ...?
BONTÉ DIVINE !!! MA BÉNÉDICTION !
PAF
COURAGE, MES FRÈRES ! C'EST UNE BIEN DOULOUREUSE TRAGÉDIE QUI NOUS FRAPPE ET NOTRE IMMENSE CHAGRIN... HEU...
517
TOME & JANRY + DAN

TOME & JANRY + DAN

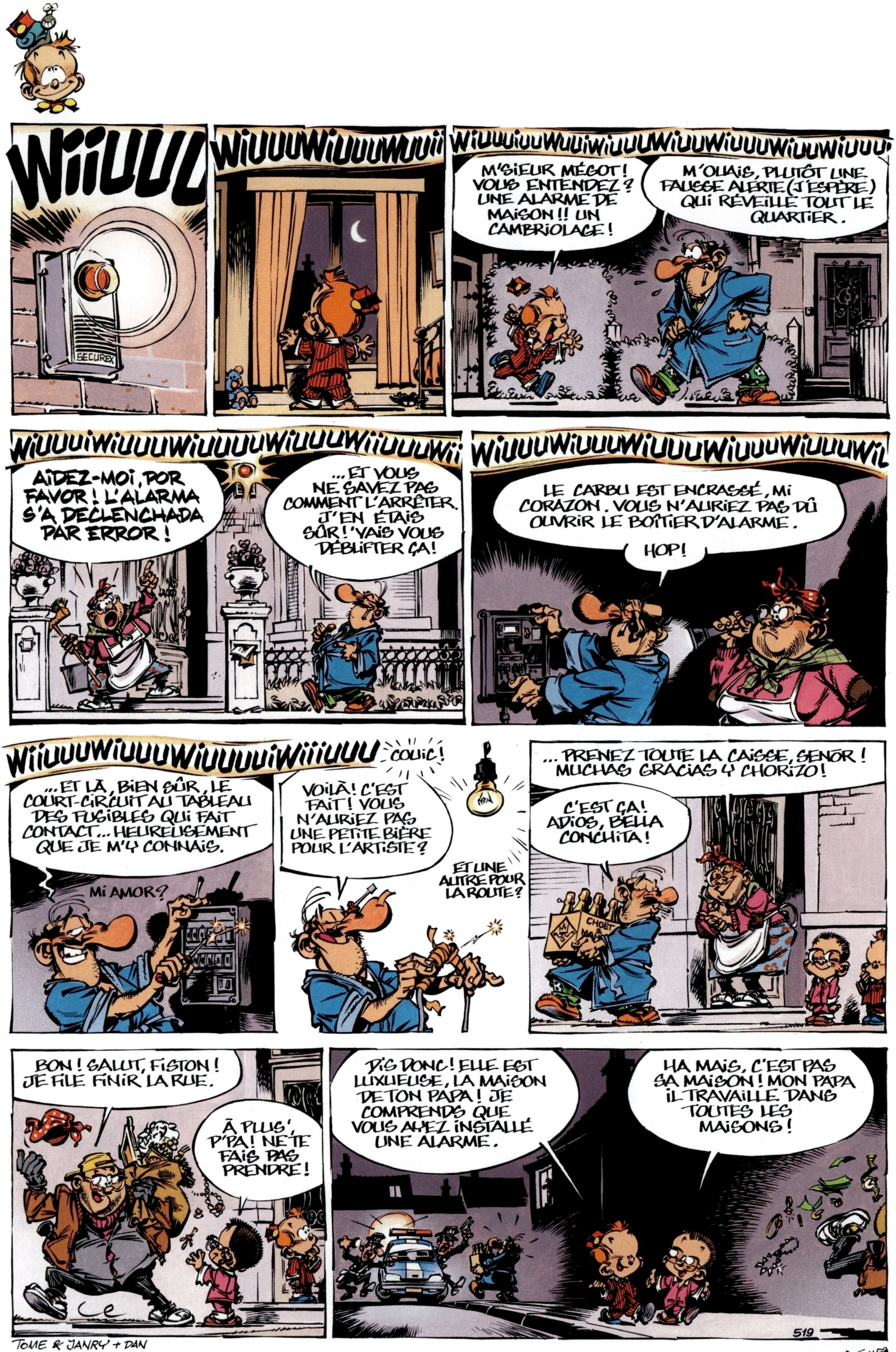

WIIUUL
WIUUUWIUUUWUUI
WIUUIUUWUUIWIUUUWIUUWIUUUWIUUWIUUU
M'SIEUR MÉGOT ! VOUS ENTENDEZ ? UNE ALARME DE MAISON !! UN CAMBRIOLAGE !
M'OUAIS, PLUTÔT UNE FAUSSE ALERTE (J'ESPÈRE) QUI RÉVEILLE TOUT LE QUARTIER.
SECUREX
WIUUUIWIUUUWIUUUUWIUUUWIUUUUWI
AIDEZ-MOI, POR FAVOR ! L'ALARMA S'A DECLENCHADA PAR ERROR !
...ET VOUS NE SAVEZ PAS COMMENT L'ARRÊTER. J'EN ÉTAIS SÛR ! 'VAIS VOUS DÉBLIFTER ÇA !
WIUUUWIUUUWIUUUWIUUUWIUUUWI
LE CARBU EST ENCRASSÉ, MI CORAZON. VOUS N'AURIEZ PAS DÛ OUVRIR LE BOÎTIER D'ALARME.
HOP !
WIIUUUWIUUUWIUUUUIWIIIUUU
...ET LÀ, BIEN SÛR, LE COURT-CIRCUIT AU TABLEAU DES FUSIBLES QUI FAIT CONTACT... HEUREUSEMENT QUE JE M'Y CONNAIS.
MI AMOR ?
COUIC !
VOILÀ ! C'EST FAIT ! VOUS N'AURIEZ PAS UNE PETITE BIÈRE POUR L'ARTISTE ?
ET UNE AUTRE POUR LA ROUTE ?
...PRENEZ TOUTE LA CAISSE, SEÑOR ! MUCHAS GRACIAS Y CHORIZO !
C'EST ÇA ! ADIOS, BELLA CONCHITA !
CHOET
BON ! SALUT, FISTON ! JE FILE FINIR LA RUE.
À PLUS', P'PA ! NE TE FAIS PAS PRENDRE !
DIS DONC ! ELLE EST LUXUEUSE, LA MAISON DE TON PAPA ! JE COMPRENDS QUE VOUS AYEZ INSTALLÉ UNE ALARME.
HA MAIS, C'EST PAS SA MAISON ! MON PAPA IL TRAVAILLE DANS TOUTES LES MAISONS !
519
TOME & JANRY + DAN

BEN, MOI, JE SAIS FAIRE CE TRUC AVEC MA BOUCHE !
O.K., MONTRE !
PFFFFFBLLL
SCHLAAK
ACCEPTÉ !
ATTENDS ! ATTENDS ! MOI, JE PEUX FAIRE LES INFOS À LA TÉLÉ !
BRATATRTRTRR-TATATATA !
BOAM !
PAN
PIF
PAF
PAF
PAN
WOAH ! TROP MORTEL !
MOI JE PEUX FAIRE DES GROSSES LÈVRES COMME UN AFRICAIN !
N'GOLO !
C'EST ÇA ! TROP DRÔLE ! BON, À MON TOUR !
BEN, MOI AUSSI J'PEUX FAIRE UN TRUC. J'PEUX FAIRE PARTIE DE LA BANDE ?
BEN, NORMALEMENT, ON N'ACCEPTE PAS LES FILLES. C'EST QUOI ?
C'EST UN TRUC QUE J'AI VU AU CINÉ...
FAIS VOIR !
BIEN. VOILÀ !
SMOUATCHBLLL
ACCEPTÉE !
520
TOME & JANRY + DAN

TOME & JANRY + DAN.

PRIS SUR LE FAIT, PETIT DÉGOÛTANT !
TU CROYAIS POUVOIR ZAPPER LA DOUCHE ET MASQUER LA CRASSE SOUS LE DÉODORANT !?
CONFISQUÉ !
ET ZOU ! À LA DOUCHE ET HORS DE MA VUE, BANDE DE MOULES !
BADAS
COCHONU
HÉ HÉ.
ATTENDS ! VOILÀ SON P'TIT MAÎMAÎTRE QUI REVIENT !
TOME & JANRY + DAN
ALORS, TU L'AS TAGUÉ, LE BUREAU DU PROF, OU ON MANGE TON CHAT EN SAUCE ?
HEU... MINUTE !
550
J'AI PEUT-ÊTRE FAIT MIEUX !
?

TOME & JANRY + DAN

C'était lors d'une visite au zoo avec l'école...
M'SIEUR! M'SIEUR! V'NEZ VOIR!
BEN QUOI? BANDE DE MOULES, C'EST JUSTE UNE POUBELLE!
...MAIS QUI ASPIRE LES DÉCHETS! C'EST TROP FORT!
HHHHH... GLOUP!
MER-CI!
Hi Hi!
HAHA!
BON, ON N'EST PAS LÀ POUR ÉTUDIER LES ASPIRATEURS ...
GLOUP!
MER-CI!
MAIS OBSERVEZ PLUTÔT: CE MACAQUE, SI INFÉRIEUR À L'HOMME QU'IL AVALE SANS DISCERNEMENT N'IMPORTE QUOI, FAIT LA MÊME CHOSE!
AVALE ÇA, PIGNOUF!
HOP!
GLOUP
OUAAAAHA
TROP FORT!
MAIS ...
KROK
ARGLOUIK
GN!
GN...
GN...
LA MÂCHOIRE! IL S'EST COINCÉ LA MÂCHOIRE!
SURTOUT, NE BOUGEZ PAS DE LÀ! JE VAIS VOUS CHERCHER DES SECOURS!
JE REVIENS!
SNIF
?
?
524
TOME & JANRY + DAN

TOME & JANRY + DAN

TOME & JANRY + DAN

526

TOME & JANRY + DAN

Ben non, cette année, c'était pas la montagne.
CHUIS DÉSOLÉ, M'SIEUR, MA MAMAN VEUT PAS! ELLE M'A PRÉPARÉ MON SAC À DOS!...
...POUR UNE JOURNÉE À LA RIVIÈRE.
QUOI? P'TIT DÉGONFLÉ DE BANDE DE MOULES! TANT PIS POUR TOI! JE LE F'RAI SANS TÉMOIN!
TOUT SEUL!
BEN, C'ÉTAIT QUOI, SON IDÉE, AU PROF DE GYM?
UN NOUVEAU SPORT.
Sponsorisé par sa marque de bière favorite, je devais filmer...
PICOL
AVEC PICOL, J'OSE TOUT!
Base-jump, ça s'appelle.
F.C. CHAMPIOOON!
On saute dans le vide depuis une falaise...
En se filmant.
QUOI, SANS ÉLASTIQUE, SANS RIEN?
...JUSTE UN PARACHUTE!
J'TE JURE!
...Qu'on actionne à l'ultime seconde.
PICOL
?
TROP FORT! BON, ON S'MET À L'EAU, T'AS LE MATOS?
?
PICOL
548.
TOME & JANRY, DAN

TOME & JANRY + DAN

TOME & JANRY + DAN

BEN, QU'EST-CE QUE T'AS, VERT ? T'AS L'AIR TOUT TRISTE !
C'EST MES PARENTS...
ILS VEULENT PLUS QUE JE METTE MON POUCE EN BOUCHE.
'PARAIT QU'À LA LONGUE, ÇA DÉFORME LES DENTS...
CH'A LES DÉFORME EN LES POUCHANT EN AVANT, COMME CHA...
BAAA... FOUTAISES.
?
?
MOI, J'AI SUCÉ MON POUCE TOUTE MA VIE ! ÇA FAIT QUARANTE ANS QUE ÇA DURE...
JE LE FAIS ENCORE AUJOURD'HUI ET CROYEZ-MOI...
?
J'AI DES DENTS COMME ÇA !!
531
TOME & JANRY + DAN

HEP! J'AI TROUVÉ DES BILLES! ON S'FAIT UNE PARTIE?
TIK TIK TIK
MUT
JOUER AUX BILLES!?
T'AS RIEN DE PLUS RINGARD? POURQUOI PAS LES OSSELETS?
C'EST L'ÉTÉ! LES VACANCES! POURQUOI FAIRE AU SOLEIL UN TRUC QU'ON PEUT FAIRE EN HIVER À L'INTÉRIEUR?
LA CONSOLE, C'EST TROP COOL! ON TUE DES MONSTRES!
C'EST SUPER RÉALISTE! ON COUPE DES TÊTES DE MARTIENS!
BEN, COMME ALIÉN, Y A MALOGRODO, ON N'A QU'À LUI DEMANDER!
HÉ, MALOGRODO! ÇA TE DIRAIT DE JOUER AVEC NOUS? T'AS DES BILLES?
HEU... J'VEUX BIEN.
J'EN AI UNE!
PLOP
TIK!
...MAIS ON PEUT JOUER AUX OSSELETS AUSSI ...
SI VOUS PRÉFÉREZ.
532
TOME & JANRY + DAN

YO MAN ! BATTLE DE BREAK DANCE DANS LA PLACE !
WAAAH ! T'ES TROP LE MEILLEUR !
...ET HIP! HOP HOP HOP! LA TOP TOUPIE FINALE !
VROOOOOOOOOOOOOOOOOOO
ATTENDS ! MOI AUSSI JE PEUX FAIRE UN TRUC !
C D'LA BOMBE !
?
HA HA HA ! LE MOON WALK ! T'AS PAS MIEUX ? MON GRAND-PÈRE LE FAIT SUR LES MAINS !
GN GN GNN
FROT FROT FROT
SUR LES MAINS !? BONNE IDÉE !
YO ! LA MUSIQUE DE JACKO, LE KING OF POP ! JE CONNAIS AUSSI !
JE SUIS LE MEILLEUR POUR FAIRE LES ZOMBIES DANS "THRILLER" !
HEY !
HOOGAH !
À DROITE !
GNOURF ! GNOURF !
POK
ET À GAUCHE. HOOGAH ! WOOGAH !
HOY !
YO !
POK !
ET ENFIN, LA TOUPIE FINALE !
VROOOOOOOOOOOOOOO
?
533
TOME & JANRY + DAN

J'vais pas vous prendre par surprise. Cette histoire-ci, je l'ai seulement imaginée. Ça se passe dans le monde de tous les jours. Normal, quoi...
Quoique...
Spirou ! Spirou ! il m'arrive un truc incroyable ! Écoute, j'ai une voix de meu-meu !
BEN, COMME À LA TÉLÉ, DANS LES DESSINS ANIMÉS POUR ENFANTS...
HEIN ?! MAIS...
MOI AUSSI. J'AI UNE VOIX BIZARRE, COMME SI...
...t'avais avalé une tronçonneuse, hu-hu-hu !
ALLONS VOIR SI LES AUTRES ...HÉ, SUZETTE !
Ben, qu'est-ce qui t'arrive-han ? T'as mangé un tracteur-han ?
Ho-mais j'ai une drôle de voix de blondinette ! Ça alors !
?
ET LUI ?
COOOL, MAAAAN ! K'TU T'EXCITES LA TÊTE, LÀ !
BEN POURKOI JE TCHATCHE FAUX-D'JEUNS DES LIEUBANS ? CHUIS DE OUGADOUGOU !
Ça alors ! Quelle idée !
ATTENDEZ ! JE ME DEMANDE SI...
HÉ ! M'SIEUR MÉGOT ! VOUS AVEZ QUELLE VOIX AUJOURD'HUI, VOUS ?!
?
Cours de bière
BOOOOAARPP
Lui n'a pas changé, mais je crois pas que ça serait bien passé à la télé. Quelle chance qu'on soit dans une bd.
...Ouais, et pas au premier rang au théâtre, surtout...
Ouf ! que c'est qu'un rêve !
TOME & JANRY + DAN
535

'Faut pas provoquer grand-mamy, elle a parfois la mémoire chancelante...
QUI ME DÉRANGE ?!
BEN... SEULEMENT MOI, GRAND-MAMY, TON PETIT-FILS.
...mais l'oreille fine.
J'PARLE PAS DE TOI, MORVEUX ! MAIS DE CES PETITS
QUI FONT DU VACARME DANS LA RUE !
!
TCHAK BOUM TCHAK BOUM
GET UP, BABE
BOUM TCHAK
C'EST UN TRAVAIL POUR KUNG-FU-MAMY !
HEU, TU DEVRAIS PAS TE MÊLER, JE LES CONNAIS, C'EST DES MÉCHANTS !
BOUM TCHAK BOUM TCHAK
YEAH
TCHAK
TSOIN
DITES DONC, LES NAINS ! LA RUE, C'EST PAS UNE DISCOTHÈQUE !
HEIN ?! DE QUOI ?
Y A DES VIEUX ET DES BÉBÉS QUI RONFLENT !
BOUM
J'AI DIT QUE VOUS ALLEZ BAISSER LE VOLUME ! J'AI LE SONOTONE QUI GRÉSILLE.
HEIN ! BAISSER LE... J'VOUDRAIS BIEN VOIR ÇA. HO HO HO !
JE TREMBLE
KLETT
C'EST TOUT VU !
TOK
WIIIUUWIII
ENCORE ?
WIIUUUIIWIIUWIII
HOLÀ ! QU'EST-CE QUI SE PASSE ICI ?
DIS DONC, LE NAIN, ON S'ENTEND PLUS ! TU VAS BAISSER TA SIRÈNE AUSSI !
POLICE
BAISSER MA ...?! HÉHÉ !
J'VOUDRAIS BIEN VOIR ÇA !
Moi, j'veux pas m'en mêler. J'connais grand-mamy ! 'Faut pas l'énerver.
WIIUWII
COUIC
KRAK
BELENG
SHTONG
KLON
536
TOME & JANRY + DAN

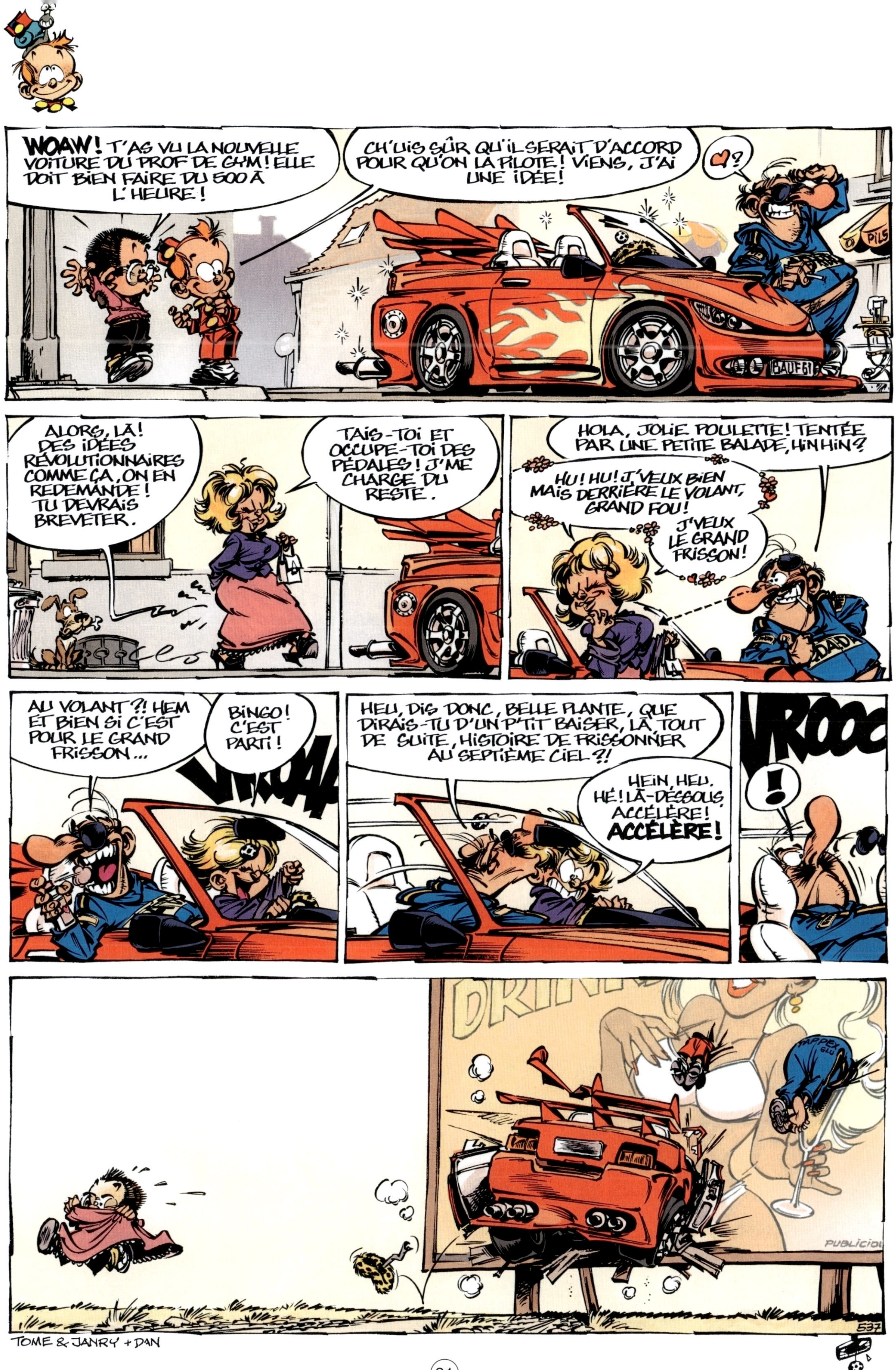
WOAW! T'AS VU LA NOUVELLE VOITURE DU PROF DE GYM! ELLE DOIT BIEN FAIRE DU 500 À L'HEURE!
CH'UIS SÛR QU'IL SERAIT D'ACCORD POUR QU'ON LA PILOTE! VIENS, J'AI UNE IDÉE!
?
BAUF 61
PILS
ALORS, LÀ! DES IDÉES RÉVOLUTIONNAIRES COMME ÇA, ON EN REDEMANDE! TU DEVRAIS BREVETER.
TAIS-TOI ET OCCUPE-TOI DES PÉDALES! J'ME CHARGE DU RESTE.
HOLA, JOLIE POULETTE! TENTÉE PAR UNE PETITE BALADE, HIN HIN?
HU! HU! J'VEUX BIEN MAIS DERRIÈRE LE VOLANT, GRAND FOU!
J'VEUX LE GRAND FRISSON!
AU VOLANT?! HEM ET BIEN SI C'EST POUR LE GRAND FRISSON...
BINGO! C'EST PARTI!
HEU, DIS DONC, BELLE PLANTE, QUE DIRAIS-TU D'UN P'TIT BAISER, LÀ, TOUT DE SUITE, HISTOIRE DE FRISSONNER AU SEPTIÈME CIEL?!
HEIN, HEU, HÉ! LÀ-DESSOUS, ACCÉLÈRE! **ACCÉLÈRE!**
VROOO
!
PUBLICIOU
537
TOME & JANRY + DAN

SCHLLUURPP
TU VEUX CROQUER DANS MON DESSERT, MON PETIT NAIN CHÉRI ?
HEU... SANS FAÇON, MERCI !
HAA... CES JEUNES. JAMAIS CONTENTS DE RIEN !
... LEUR FAUDRAIT UNE BONNE GUERRE !
HEU... MON NONC' ! Z'AVEZ D'LA SAUCE, ICI.
LA LUMIÈRE ! JE NE SUPPORTE PAS LA LUMIÈRE !
BEN, SPIROU, TU NOUS QUITTES DÉJÀ ?
BAH, MOI ! LES RÉUNIONS DE FAMILLE... ET PUIS, C'EST UN SOIR SPÉCIAL.
TOME & JANRY + DAN
JE SAIS, PETIT MONSTRE !
TES COPAINS T'ATTENDENT !
DILING
551

TOME & JANRY + DAN

Je me sens comme dans un TROU !
J'avais un copain, tout petit, mais qui avait une grande place dans mon cœur.
Un jour, il est parti. L'appel de l'aventure...
Il avait disparu.
?
Grand-papy a essayé de me consoler...
C'EST NORMAL : LE TROU, C'EST LA SOLITUDE.
SNIF
C'est trop dur de voir partout des souvenirs de lui. Son petit bol, intact...
...Sa petite niche et sa petite litière sans petites crottes.
TU SAIS, IL N'EST PAS FORCÉMENT MO... HEM, AU PARADIS DES CHATS.
IL A PEUT-ÊTRE ÉTÉ RECUEILLI PAR DES GENS CHEZ QUI IL SE SENT BIEN...
...MIEUX QUE CHEZ MOI ?
Grand-papy avait raison. L'autre soir...
MIOW ?
?!
Je l'ai aperçu, c'était bien lui !
TAGADAP TAGADAP
... un peu changé, bien sûr, mais il m'était rev'nu !
Je me sens encore toujours un peu comme dans un trou, mais ça va mieux.
540
TOME & JANRY + DAN

GRIVOISES
PICOL APERO
?
RIEN
RIEN
RIEN
RIEN
RIEN
RIEN
RIEN
?
GRIVOISES
PICOL APERO
541
TOME & JANRY

TOME & JANRY + DAN

HEM ...
BROM
EN CE JOUR UN PEU SPÉCIAL, J'AIMERAIS RETENIR QUELQUES INSTANTS ENCORE VOTRE ATTENTION EN ÉVOQUANT ICI QUELQUES TROUBLANTES ANECDOTES EN RAPPORT AVEC LES CIRCONSTANCES QUI NOUS RÉUNISSENT...
SAVIEZ-VOUS PAR EXEMPLE QUE...
CHAQUE ANNÉE, LES FÊTES DE NOËL DÉCLENCHENT DES ÉLANS MYSTIQUES PARTOUT DANS LE MONDE ?
C'EST AINSI QUE LE 24 DÉCEMBRE 2008, À BROOKLYN, EN AMÉRIQUE ...
FEDERICO NIFFELLO, SAUCIER DANS UNE TRATTORIA ITALIENNE S'EST RECONVERTI À LA RELIGION DE SES ANCÊTRES SICILIENS APRÈS AVOIR CLAIREMENT RECONNU LE VISAGE DU PÈRE NOËL DANS UNE PIZZA MARGARITA, EXPOSÉE DEPUIS AU MUSÉE DE LA VILLE DE NEW YORK.
TOUJOURS À PROPOS DE NOËL. L'EXPRESSION "NOËL BLANC" N'EST UNE RÉALITÉ QUE DANS L'HÉMISPHÈRE NORD OÙ LA NEIGE TOMBE PARFOIS LE SOIR DU 24 DÉCEMBRE. EN AUSTRALIE, IL FAIT AUTOUR DE 30°C À CETTE ÉPOQUE. ON ATTACHE DES GUIRLANDES AUX PALMIERS.
PARLONS DE LA NATURE : LE LÉGITIME SOUCI DE PROTÉGER LA PLANÈTE AURA-T-IL RAISON DES TRADITIONS ? PANNEAUX SOLAIRES, ÉOLIENNES, MAISONS PASSIVES... FINIES, LES CHEMINÉES. MAIS ALORS...??
... PAR OÙ PASSERA LE PÈRE NOËL ?
HEIN ?
...ET ENFIN, SAVIEZ-VOUS QUE LES RENNES DU PÈRE NOËL SONT, PARAÎT-IL, AU NOMBRE DE NEUF ET CHACUN A UN PRÉNOM.
QUELQU'UN PEUT-IL...
BEUH
BAH
PFFF
ASSEZ !
LES CADEAUX ! LES CADEAUX !
ME LES CITER ? ...
543
TOME & JANRY + DAN

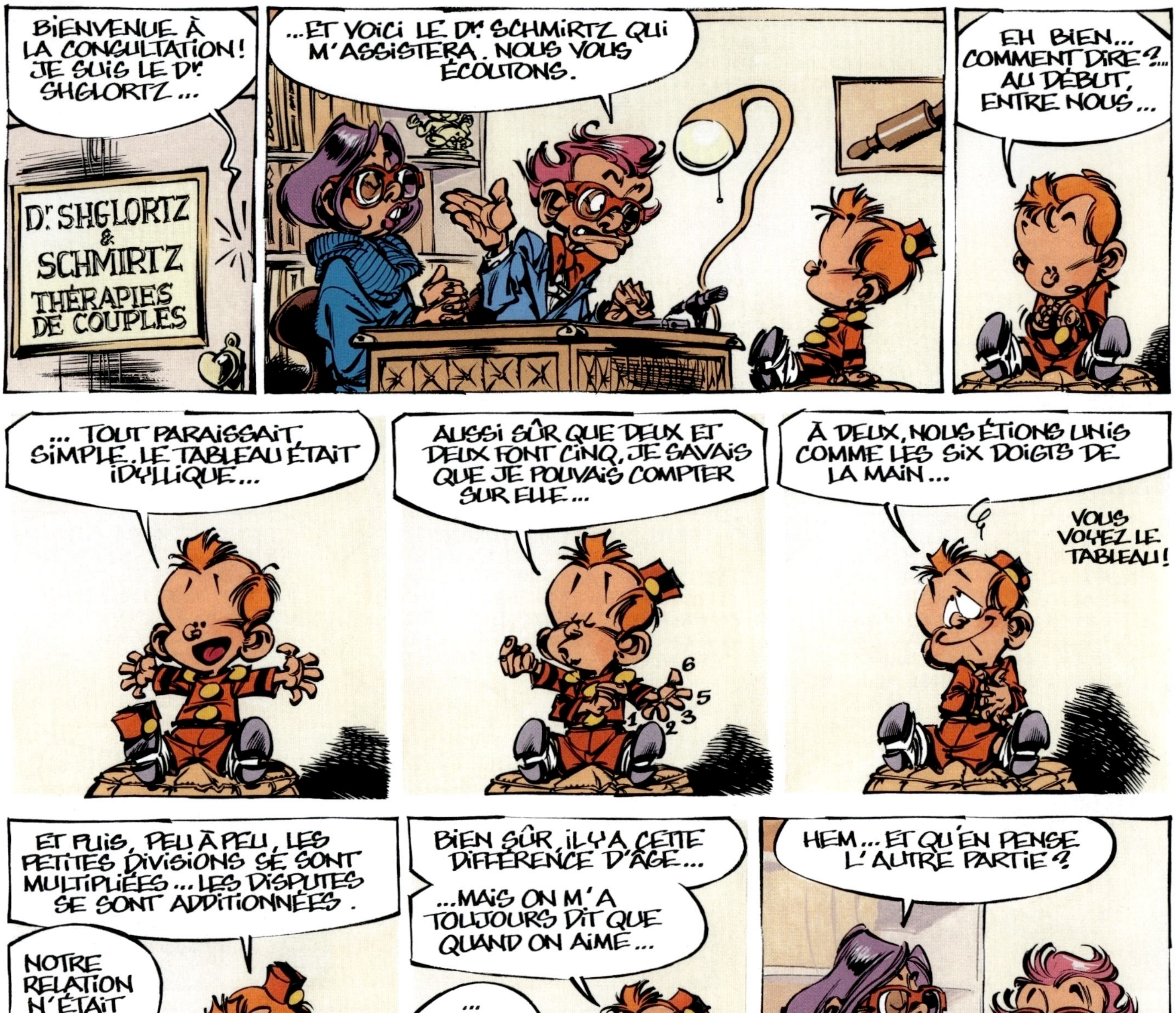

TOME & JANRY + DAN

N'ZOLO!
N'PFF
COURS DE GYM N'FOOT
N'DADA
N'STOP!
SIMBA PILS
N'GLOU GLOU!
Cours de HAMAC
J'AI RÊVÉ UN TRUC CETTE NUIT, TU CROIRAS JAMAIS...
GLA GLA!
LAISSE-MOI DEVINER!
Cours de Gym foot
ADIDAS
545
TOME & JANRY

*ON N'A RIEN INVENTÉ, VÉRIFIEZ !

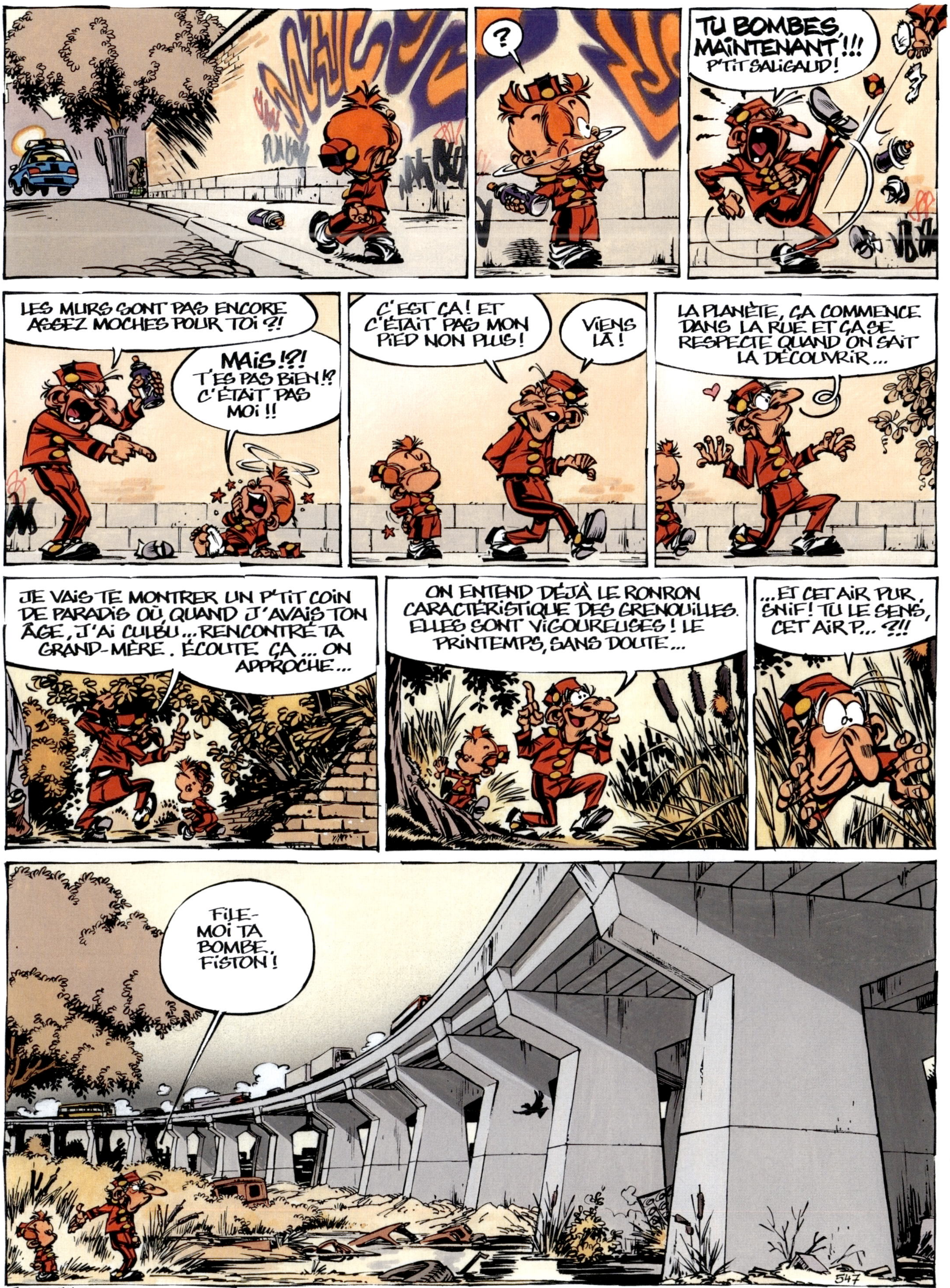

TOME & JANRY + DAN

TOME & JANRY

OUT!

M... MAIS?!
(P. SPIR)
QU'EST-CE QUI SE PASSE ??! ON EST TOUT MAL DESSINÉS !!!
ÇA VA PAS DU TOUT !
LE DESSINATEUR EST EN VACANCES À BALI ! ON EST DESSINÉS PAR LE SCÉNARISTE.
(VERTIGNASSE)
"DESSINÉS PAR LE SCÉNARISTE !" ET L'ASSISTANT DU DESSINATEUR, IL NE PEUT PAS SE RENDRE UTILE POUR UNE FOIS ?
HA ! JE CROIS QU'IL EST LÀ !
HA, QUAND MÊME ! C'EST PAS PARFAIT, MAIS C'EST TOUT DE MÊME MIEUX QUE PAR L'AUTRE MANCHOT, LÀ !
BAH ! C'EST PAS SI MAL. ET PUIS, TOUS LES JEUNES DESSINATEURS DESSINENT COMME ÇA MAINTENANT !
C'EST ÇA ! DIS TOUT DE SUITE QU'ON EST RINGARD PARCE QU'ON EST SOIGNÉ !
NON-NON ! C'EST JUSTE PLUS MODERNE, PLUS "MINI-MALISTE"...
MOI JE CROIS SURTOUT QUE C'EST PARCE QU'ILS SONT MAL PAYÉS ! ILS N'ONT PAS LE TEMPS DE S'APPLIQUER.
PFF... T'ES JALOUX !
ET PUIS L'ARGENT, C'EST PAS LE MOTEUR ! LES ARTISTES TRAVAILLENT PAR PASSION !
PAR PASSION ?
ET L'ASSISTANT ? TU CROIS QU'IL EST ASSEZ BIEN PAYÉ POUR NE TRAVAILLER QUE PAR PASSION ?
IL A SES SOUCIS COMME TOUT LE MONDE, MAIS IL FAUDRAIT VOIR CE QU'IL EN PENSE...
522
TOME & JANRY + DAN + STUF

TOME & JANRY + DAN + STUF

SPIROU... SPIROU?!
HEU...
TU Y CROIS, TOI, AUX HISTOIRES D'AGENTS SECRETS? PARCE QUE J'AI L'IMPRESSION QU'ON M'ESPIONNE...
?
...DEPUIS QUE MON PAPA M'A OFFERT CE TÉLÉPHONE "TOMBÉ" D'UN CAMION...
TU CONNAIS MON PÈRE...
TON PAPA CAMBRIOLEUR, HEU...? HEM, FAIS VOIR!
C'EST UN SMARTPHONE! Y FAIT TOUT! PHOTOS! VIDÉOSURVEILLANCE, CHAT, INTERNET, GPS, TÉLÉCOMMANDE, CRYPTAGE DES DONNÉES PERSO...
...FOUR À MICRO-ONDES, RAYON D'LA MORT... BOULE À ZÉRO...
TRUL
TÎT
TEUT
WÛT
COIN
BIP
MIEUX. QUAND JE REÇOIS UN TEXTO, UNE VOIX SYNTHÉTIQUE ME LIT LE MESSAGE. IL SUFFIT QUE JE DICTE LA RÉPONSE ET IL RENVOIE LE TEXTE AU DESTINATAIRE.
TÎT!
TÛT!
MUT!
TRRI
BÎP!
T.Libre ce soir, chéri?!:)
TROP FORT! AVEC LE MIEN, JE PEUX SEULEMENT PARLER!
Y A TELLEMENT DE FONCTIONS QUE Y EN A QUE JE SAIS MÊME PAS CE QU'ELLES FONT...
MONTRE! T'AS LE MODE D'EMPLOI?
IL FAIT SEPT KILOS. MON PÈRE L'A GARDÉ POUR SE REFAIRE LES PECTORAUX...
TIENS, C'EST QUOI LE BOUTON ROUGE, LÀ?
SUFFIT D'ESSAYER...
MÛT.
RIEN
SÛREMENT UN GADGET BIDON!
552.
TOME & JANRY, Dan

TOME & JANRY + DAN

Quelques andouilles... ...sauf lui !

MONSIEUR MÉGOT

Le prof de gym.
Désiré de son prénom; indésirable auprès de ses élèves.
Auteur de la formule : "Le sportif intelligent évite l'effort inutile".
Boit.
Fume.
Boit.
Fume.
Craque de partout.

L'ABBE LANGÉLUSSE

(Hyacinthe.)
C'est le gardien vigilant des âmes qui vivent à l'ombre du clocher.
Epie mes promenades avec Suzette au petit bois.
Parle parfois avec *"Lui"* !
Aurait déjà sa place réservée *"Là-haut"*.
Et on ne rigole pas avec ces choses-là.

MELCHIOR DUGENOU

C'est le petit ami caché de la prof de calcul.
Mais c'est un secret, on ne peut pas le dire.
Surtout quand Mademoiselle Chiffre l'emmène pour un bain de minuit et que nous sommes dans les buissons pour les observer. Parfois, je me dis qu'il a bien de la chance, "Melchiorichou".

GRAND-PAPY

(Je l'appelle Pépé.)
Aurait connu les tranchées.
Fume la pipe sans avaler la fumée.
Lauréat invaincu du Rallye des Ancêtres à roulettes.
Porte un dentier et prend des bains de pieds aux algues aromatiques.
Complètement fondu.
C'est ma grande personne préférée.

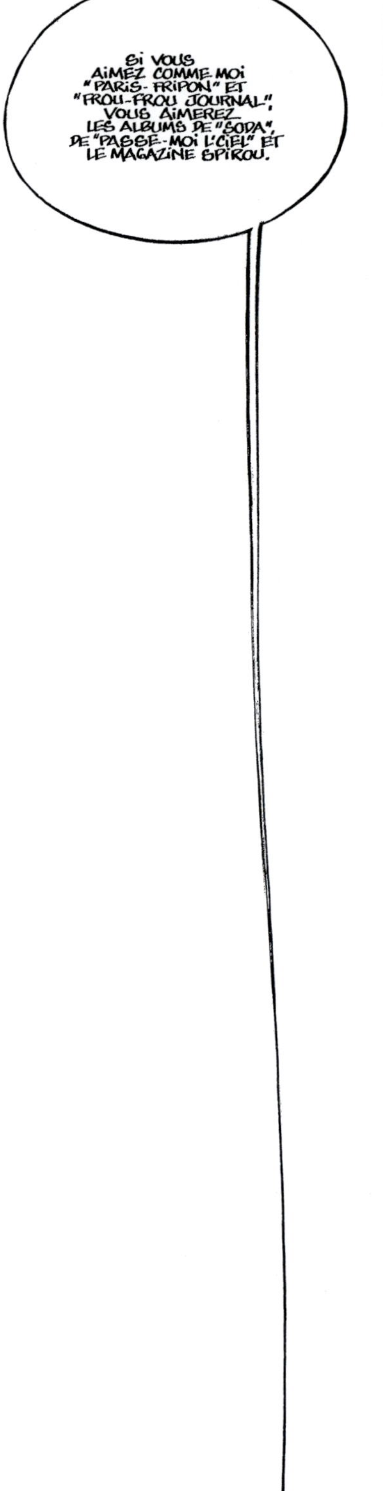

Dépot légal : novembre 2010 — D.2010/0089/116
ISBN 978-2-8001-4707-9 — ISSN 0776-2844

Imprimé en Belgique.

www.dupuis.com

Cet album a été imprimé sur papier issu de forêts gérées de manière durable et équitable.

ADADAS